Como falar o óbvio sem ser grosseiro: a arte da comunicação clara e objetiva

Copyright © 2024 Reginaldo Osnildo
Todos os direitos reservados.

APRESENTAÇÃO 4
INTRODUÇÃO À COMUNICAÇÃO EFETIVA 7
A PERCEPÇÃO DO ÓBVIO 11
PRINCÍPIOS DA COMUNICAÇÃO NÃO AGRESSIVA.........15
A IMPORTÂNCIA DA EMPATIA 19
ESCOLHENDO O MOMENTO CERTO.............................23
LINGUAGEM CORPORAL E COMUNICAÇÃO NÃO-VERBAL
....27
ESCUTA ATIVA 31
FRAMING POSITIVO 35
EVITANDO ARMADILHAS DA COMUNICAÇÃO 39
A ARTE DE PERGUNTAR...43
ASSERTIVIDADE VS. AGRESSIVIDADE 47
FEEDBACK CONSTRUTIVO 51
TREINANDO A PACIÊNCIA E O CONTROLE...................56
TÉCNICAS DE MINDFULNESS NA COMUNICAÇÃO.........60
CASOS PRÁTICOS: COMO FALAR O ÓBVIO SEM SER
GROSSEIRO...64
CONSTRUINDO PONTES, NÃO MUROS 68
RESOLVENDO CONFLITOS COM ELEGÂNCIA 72
CULTIVANDO A HUMILDADE NA COMUNICAÇÃO 76
DESENVOLVENDO HABILIDADES DE PERSUASÃO GENTIL
....80

COMUNICAÇÃO DIGITAL E ETIQUETA 84
SUPERANDO BARREIRAS CULTURAIS 89
AUTOCUIDADO E AUTOCONSCIÊNCIA 94
CRIANDO UM AMBIENTE DE ABERTURA.......................99
RECEBA E INTEGRE O FEEDBACK 103
CONCLUSÃO E CAMINHO ADIANTE.............................108
REGINALDO OSNILDO..113

APRESENTAÇÃO

Bem-vindo ao início de uma jornada transformadora com o livro **"Como falar o óbvio sem ser grosseiro: a arte da comunicação clara e objetiva"**. Se você alguma vez se pegou em uma situação em que expressar uma ideia simples parecia mais complicado do que deveria, ou se tem o desejo de melhorar suas habilidades de comunicação para fortalecer seus relacionamentos tanto no ambiente pessoal quanto no profissional, você está no lugar certo.

Este livro é um convite para explorar a arte de comunicar pensamentos e fatos que podem parecer óbvios, mas que requerem sensibilidade e clareza para serem compartilhados sem mal-entendidos ou ofensas. Através das páginas a seguir, você descobrirá métodos e técnicas que não apenas iluminarão sua maneira de se expressar, mas também transformarão completamente sua interação com os outros.

"Como falar o óbvio sem ser grosseiro: a arte da comunicação clara e objetiva" é mais do que um manual; é um companheiro no seu desenvolvimento pessoal. Aqui, eu trago uma perspectiva atualizada sobre conceitos clássicos de comunicação, adaptando-os às necessidades contemporâneas para facilitar sua aplicação no dia a dia. Cada capítulo deste livro foi cuidadosamente elaborado para se completar, oferecendo a você uma experiência de aprendizado gradual e profunda.

Prepare-se para mergulhar em uma abordagem prática que irá equipá-lo com as ferramentas necessárias para enfrentar desafios de comunicação com confiança e graça. Ao dominar as estratégias apresentadas, você não apenas entenderá como falar de maneira efetiva, mas também como fazê-lo de forma que construa pontes, e não muros.

Atenciosamente

Reginaldo Osnildo

INTRODUÇÃO À COMUNICAÇÃO EFETIVA

Comunicar-se de forma eficaz é uma habilidade fundamental em todas as áreas da vida: no trabalho, nas relações pessoais e até no nosso diálogo interno. Dominar esta arte é essencial para quem deseja ser entendido e compreender os outros sem mal-entendidos ou conflitos. Neste capítulo, você irá explorar a importância de expressar suas ideias e opiniões de maneira clara e respeitosa, estabelecendo um forte alicerce para os conceitos mais específicos que abordaremos nos capítulos seguintes.

O VALOR DA COMUNICAÇÃO CLARA

A clareza na comunicação vai além do uso correto das palavras; trata-se de transmitir sua mensagem de forma que ela seja compreendida sem esforço pelo interlocutor. Isso envolve tanto a escolha das palavras quanto o timing, o tom e o contexto em que são ditas. Uma comunicação eficaz pode prevenir uma grande quantidade de desentendimentos e erros que ocorrem simplesmente porque as partes envolvidas não conseguiram se entender.

ELEMENTOS DE UMA COMUNICAÇÃO EFICAZ

- **Clareza e concisão:** Ser direto e ao ponto, evitando usar jargões ou um excesso de palavras que podem confundir o ouvinte.

- **Tom apropriado:** Ajustar o tom de voz para combinar com a situação, o que pode significar ser mais formal em um ambiente de trabalho ou mais descontraído em casa.

- **Feedback ativo:** Envolver o ouvinte, solicitando feedback para confirmar que a mensagem foi recebida e entendida como pretendido.

- **Empatia:** Mostrar consideração e compreensão pelas emoções e situação do outro, o que pode transformar completamente a recepção de sua mensagem.

- **Escuta ativa:** Mostrar ao seu interlocutor que você valoriza suas palavras, ouvindo ativamente e respondendo de forma que demonstre que você compreendeu o que foi dito.

Ao longo deste livro, você verá como esses elementos são aplicados em diferentes situações para garantir que mesmo os pontos que podem parecer óbvios sejam comunicados de forma eficaz e gentil.

POR QUE É TÃO DIFÍCIL FALAR O ÓBVIO?

Muitas vezes, o que parece óbvio para você pode não ser tão claro para outra pessoa, devido a diferenças em background, experiências ou até estado emocional. Portanto, assumir que todos compartilham do seu ponto de vista pode levar a mal-entendidos e respostas defensivas. Neste livro, você aprenderá a identificar quando e como expressar o óbvio, garantindo que sua mensagem seja não só ouvida, mas aceita e compreendida.

Este capítulo é apenas o começo. Você está pronto para avançar na sua jornada pela comunicação eficaz? No próximo capítulo, **"A PERCEPÇÃO DO ÓBVIO"**, exploraremos como diferentes experiências e perspectivas influenciam o que cada um de nós considera óbvio. Vamos desvendar como ajustar nossa comunicação para que ela ressoe com qualquer público, ampliando nossa capacidade de sermos efetivos e respeitosos comunicadores. Te vejo lá!

A PERCEPÇÃO DO ÓBVIO

Neste capítulo, vamos explorar um conceito crucial na comunicação: a percepção do óbvio. O que é considerado evidente para uma pessoa pode não ser tão claro para outra, influenciado por uma miríade de fatores como cultura, experiência de vida, conhecimento prévio e contexto emocional. Compreender essa diversidade de percepções é fundamental para você aprimorar sua habilidade de comunicar suas ideias claramente e sem ofender.

ENTENDENDO A RELATIVIDADE DO ÓBVIO

O óbvio é, em muitos casos, um conceito subjetivo. Por exemplo, algo que é rotineiro e evidente em um ambiente profissional de tecnologia pode ser completamente estranho e complexo para alguém fora dessa indústria. Essa diferença de entendimento pode criar barreiras comunicativas significativas se não reconhecidas e manejadas com cuidado.

FATORES QUE INFLUENCIAM A PERCEPÇÃO DO ÓBVIO

- **Experiência pessoal:** O acúmulo de vivências pessoais molda o que consideramos óbvio. Por exemplo, uma pessoa que cresceu em uma cidade grande pode achar óbvio como navegar em um sistema de transporte público complexo, enquanto alguém de uma área rural pode encontrar essa tarefa desafiadora.

- **Contexto cultural:** Diferenças culturais podem influenciar profundamente o que é percebido como evidente. Gestos, expressões faciais e até o uso de certas palavras podem ter significados variados em diferentes culturas.

- **Educação e conhecimento:** O nível de educação e a área de conhecimento de uma pessoa também definem muito do que ela percebe como óbvio. Profissionais de diferentes campos têm jargões e bases de conhecimento que podem ser obscuros para o público em geral.

- **Estado emocional:** O estado emocional no momento da comunicação pode afetar como as mensagens são interpretadas. Stress, ansiedade ou mesmo alegria excessiva podem distorcer a percepção do que é dito.

COMO NAVEGAR AS DIFERENÇAS NA PERCEPÇÃO DO ÓBVIO

- **Clarifique sempre:** Nunca assuma que sua mensagem é universalmente compreendida. Clarifique pontos que podem ser vistos como óbvios para você, mas que podem não ser para outros.

- **Adapte sua mensagem:** Conheça seu público e adapte sua mensagem de acordo com o seu nível de entendimento e experiência. Isso pode envolver simplificar a linguagem, usar analogias ou proporcionar mais contexto.

- **Peça feedback:** Encoraje perguntas e feedback para garantir que sua mensagem foi entendida. Isso também mostra respeito e valorização pela perspectiva do outro.

- **Seja paciente:** Reconheça que explicar algo que é óbvio para você pode requerer paciência. Mantenha uma atitude de abertura e apoio, ao invés de frustração ou condescendência.

Este capítulo revelou como o óbvio pode ser surpreendentemente complexo. Pronto para continuar aprofundando seus conhecimentos sobre comunicação eficaz? No próximo capítulo, **"PRINCÍPIOS DA COMUNICAÇÃO NÃO AGRESSIVA"**, vamos explorar como você pode expressar o óbvio de maneira construtiva e empática, evitando ser percebido como grosseiro ou insensível. Junte-se a nós para descobrir estratégias para manter suas interações tão claras quanto cordiais. Vamos lá?

PRINCÍPIOS DA COMUNICAÇÃO NÃO AGRESSIVA

Ao desenvolver a habilidade de comunicar o óbvio sem ser grosseiro, um dos aspectos mais importantes é a comunicação não agressiva. Este capítulo explora os fundamentos de como expressar suas ideias e pensamentos de maneira construtiva e empática, garantindo que você preserve relações saudáveis e promova um ambiente de entendimento mútuo.

O QUE É COMUNICAÇÃO NÃO AGRESSIVA?

A comunicação não agressiva é uma abordagem que enfoca a clareza, a empatia e o respeito nas interações. Ela visa expressar suas necessidades e sentimentos sem causar defesa ou agressão no outro. Este método é especialmente útil quando você precisa abordar temas delicados ou quando está lidando com conversas que envolvem emoções fortes.

PILARES DA COMUNICAÇÃO NÃO AGRESSIVA

- **Observar sem avaliar:** Comece observando o que ocorre sem atribuir julgamentos ou interpretações pessoais. Isso ajuda a manter a objetividade e a clareza na comunicação.

- **Expressar sentimentos:** Comunique seus sentimentos claramente. Use declarações que comecem com "eu sinto" para expressar suas próprias emoções sem implicar que o outro é responsável por elas.

- **Identificar necessidades:** Clarifique quais são suas necessidades ou o que você espera da conversa. Ao expressar suas necessidades claramente, você dá ao outro a oportunidade de entender seu ponto de vista sem ambiguidades.

- **Fazer pedidos, não exigências:** Ao expressar o que você deseja, faça pedidos claros e abertos a negociações, em vez de exigências. Isso permite que o outro tenha espaço para responder sem se sentir pressionado ou coagido.

APLICANDO A COMUNICAÇÃO NÃO AGRESSIVA

- **Situações profissionais:** Ao lidar com colegas de trabalho ou em negociações, a comunicação não agressiva pode ajudar a manter um ambiente profissional e respeitoso. Por exemplo, ao invés de dizer "Você nunca presta atenção nas reuniões", tente "Eu sinto que minhas ideias não estão sendo consideradas durante as reuniões. Você poderia me ajudar a entender como posso me fazer mais ouvido?"

- **Relacionamentos pessoais:** Em relações mais íntimas, essa abordagem pode prevenir conflitos e fortalecer laços. Expressar necessidades e sentimentos de forma clara e direta pode evitar mal-entendidos e ressentimentos.

- **Autocomunicação:** Mesmo na forma como você fala consigo mesmo, a comunicação não agressiva pode ser benéfica. Ao invés de se criticar duramente, reconheça seus sentimentos e necessidades, tratando-se com compaixão e entendimento.

Este capítulo fornece as bases para você falar o óbvio de forma que seja benéfica e positiva, mantendo sempre uma postura de respeito e consideração pelos sentimentos e perspectivas dos outros. Pronto para avançar? No próximo capítulo, **"A IMPORTÂNCIA DA EMPATIA"**, vamos explorar mais profundamente como se colocar no lugar do outro pode transformar sua maneira de comunicar. Juntos, vamos aprender como essa habilidade é crucial para uma comunicação verdadeiramente eficaz e gentil. Vamos continuar essa jornada de descoberta?

A IMPORTÂNCIA DA EMPATIA

Empatia é a capacidade de entender e compartilhar os sentimentos de outra pessoa. É um elemento fundamental na comunicação, pois permite que você veja as situações a partir de outras perspectivas e responda de maneira mais adequada e sensível. Neste capítulo, vamos explorar como desenvolver e aplicar a empatia nas suas interações diárias para melhorar a clareza da comunicação e evitar mal-entendidos ou ofensas.

O PODER DA EMPATIA NA COMUNICAÇÃO

Empatizar com alguém significa mais do que simplesmente entender o que a outra pessoa está sentindo; envolve também uma resposta emocional apropriada. Isso pode ser especialmente útil ao comunicar ideias que pareçam óbvias, mas que podem ser sensíveis ou difíceis de aceitar para o outro. A empatia ajuda a suavizar a entrega de mensagens que poderiam, de outra forma, ser recebidas com resistência ou hostilidade.

COMO DESENVOLVER EMPATIA

- **Ouça ativamente:** Dedique-se a realmente escutar o que o outro está dizendo, sem planejar sua resposta enquanto ele fala. Isso demonstra respeito e interesse genuíno.

- **Coloque-se no lugar do outro:** Tente se imaginar na situação do outro, considerando suas experiências de vida e emoções. Pergunte-se como você se sentiria em seu lugar.

- **Observe as emoções não verbais:** Muito da comunicação é não-verbal. Preste atenção na linguagem corporal, no tom de voz e nas expressões faciais para captar o que pode não estar sendo dito diretamente.

- **Pergunte e clarifique:** Se não tiver certeza de como a pessoa está se sentindo, pergunte. Isso mostra que você se importa com a clareza da comunicação e está disposto a entender completamente a perspectiva dela.

APLICANDO EMPATIA NA PRÁTICA

- **Conflitos:** Quando surgem conflitos, a empatia pode ajudar a entender as raízes emocionais do problema. Comunicar-se com empatia pode desarmar tensões e abrir caminho para soluções construtivas.

- **Ambiente de trabalho:** No trabalho, a empatia ajuda a criar um ambiente mais colaborativo e menos competitivo. Compreender as pressões e desafios enfrentados pelos colegas pode melhorar significativamente a dinâmica de equipe.

- **Relacionamentos pessoais:** Em casa, praticar a empatia pode fortalecer os laços familiares e de amizade, permitindo que todos se sintam ouvidos e valorizados.

Ao desenvolver a sua capacidade de empatizar, você não só aprimora suas habilidades de comunicação como também enriquece suas relações interpessoais. Empatia é uma ferramenta poderosa para garantir que suas mensagens sejam entregues de forma eficaz e respeitosa, promovendo um entendimento mais profundo e duradouro.

Pronto para levar suas habilidades de comunicação a um novo nível? No próximo capítulo, **"ESCOLHENDO O MOMENTO CERTO"**, exploraremos estratégias para identificar o momento mais apropriado para expressar suas ideias, garantindo que suas mensagens sejam recebidas no contexto mais favorável possível. Acompanhe-nos nessa jornada de aprendizado e descubra como o timing pode ser tão crucial quanto a mensagem em si.

ESCOLHENDO O MOMENTO CERTO

A eficácia da comunicação não depende apenas do que é dito, mas também de quando e como as palavras são expressas. Escolher o momento certo para trazer à tona assuntos delicados ou evidentes pode fazer uma diferença significativa na maneira como sua mensagem é recebida. Neste capítulo, você aprenderá estratégias para identificar o melhor momento para comunicar suas ideias, aumentando as chances de um diálogo construtivo e receptivo.

A IMPORTÂNCIA DO TIMING NA COMUNICAÇÃO

O timing pode amplificar ou diminuir o impacto de suas palavras. Uma mensagem entregue no momento inapropriado pode gerar mal-entendidos, resistência ou mesmo conflitos, enquanto a mesma mensagem, se compartilhada no momento certo, pode ser acolhida com abertura e compreensão.

FATORES A CONSIDERAR AO ESCOLHER O MOMENTO CERTO

- **Contexto ambiental:** O ambiente em que a mensagem é entregue pode afetar profundamente sua recepção. Um local tranquilo e privado é geralmente mais propício para discussões sérias do que um ambiente público ou caótico.

- **Estado emocional:** Avaliar o estado emocional de quem recebe a mensagem é crucial. Abordar um tema sensível quando a pessoa está já estressada ou distraída pode levar a uma reação negativa.

- Disponibilidade: Certifique-se de que a pessoa tem tempo para realmente ouvir e engajar na conversa. Um momento em que ambos não estejam com pressa ou sob pressão de outras tarefas é ideal.

- Preparação: Algumas conversas beneficiam-se de uma preparação prévia. Se necessário, informe que você gostaria de discutir algo importante, dando ao outro tempo para se preparar mentalmente para a conversa.

ESTRATÉGIAS PARA ESCOLHER O MOMENTO APROPRIADO

- Observe e aprenda: Preste atenção aos padrões do dia a dia da pessoa com quem você precisa falar. Identifique momentos em que ela esteja mais relaxada e receptiva.

- Peça permissão: Antes de iniciar uma conversa delicada, pergunte se este é um bom momento. Isso não apenas garante que você tenha a atenção necessária, mas também mostra respeito pelo tempo do outro.

- Seja flexível: Esteja disposto a ajustar seus planos baseando-se na resposta do outro. Se não for um bom momento, pergunte quando seria mais conveniente retomar a discussão.

Ao aplicar estas estratégias, você pode aumentar significativamente a eficácia de sua comunicação. Escolher o momento certo mostra consideração e respeito pelas necessidades e circunstâncias do outro, estabelecendo um terreno fértil para um diálogo aberto e honesto.

Pronto para continuar aprimorando suas habilidades comunicativas? No próximo capítulo, **"LINGUAGEM CORPORAL E COMUNICAÇÃO NÃO-VERBAL"**, exploraremos como os aspectos não-verbais da comunicação podem ajudar ou atrapalhar a transmissão da sua mensagem. Junte-se a nós para entender mais sobre como seu corpo fala tanto quanto suas palavras.

LINGUAGEM CORPORAL E COMUNICAÇÃO NÃO-VERBAL

Embora as palavras sejam poderosas, grande parte da comunicação acontece através de meios não-verbais. A linguagem corporal, o contato visual, a postura e até o tom de voz desempenham papéis cruciais em como suas mensagens são recebidas e interpretadas. Neste capítulo, exploraremos o papel da comunicação não-verbal na expressão de mensagens de forma clara e não agressiva, ajudando você a entender como seus gestos e expressões podem reforçar ou contradizer suas palavras.

A INFLUÊNCIA DA LINGUAGEM CORPORAL NA COMUNICAÇÃO

A linguagem corporal pode transmitir confiança, abertura, defensividade ou desinteresse, entre muitas outras coisas. Ela é uma ferramenta essencial para fortalecer a mensagem verbal, proporcionando um contexto que as palavras por si só podem não ser capazes de comunicar completamente.

ELEMENTOS-CHAVE DA COMUNICAÇÃO NÃO-VERBAL

- **Postura:** Uma postura aberta, com os braços descruzados e uma inclinação leve em direção ao interlocutor, pode indicar interesse e receptividade. Por outro lado, uma postura fechada pode ser interpretada como defensiva ou desinteressada.

- **Contato visual:** Manter um contato visual equilibrado é crucial. Olhar diretamente nos olhos de alguém enquanto fala demonstra confiança e sinceridade. Evitar o contato visual, por outro lado, pode ser percebido como falta de confiança ou desinteresse.

- **Expressões faciais:** Suas expressões devem estar alinhadas com sua mensagem. Um sorriso pode suavizar uma crítica, enquanto um semblante sério pode reforçar a importância de um alerta ou comando.

- **Gestos:** Gestos podem ajudar a enfatizar pontos importantes ou ilustrar um conceito. No entanto, gestos excessivos ou inapropriados podem distrair ou até mesmo confundir o interlocutor.

- **Proximidade:** A distância física entre você e a pessoa com quem está falando também afeta a comunicação. Muito perto pode ser intimidador, enquanto muito longe pode parecer distante e desengajado.

COMO MELHORAR SUA COMUNICAÇÃO NÃO-VERBAL

- **Consciência corporal:** Torne-se mais consciente de sua própria linguagem corporal. Pratique estar presente e atento ao que seu corpo está fazendo enquanto você fala.

- **Espelhamento:** Tente espelhar sutilmente a linguagem corporal de quem você está conversando. Isso pode criar uma sensação de empatia e entendimento mútuo.

- **Feedback:** Peça feedback sobre como sua comunicação não-verbal é percebida. Isso pode ser especialmente útil para ajustar comportamentos que você pode não estar ciente.

- **Adaptação:** Adapte sua comunicação não-verbal de acordo com o contexto e a pessoa com quem você está interagindo. O que funciona em um ambiente casual pode não ser apropriado em um contexto mais formal.

Entender e aplicar eficazmente a linguagem corporal e outros aspectos da comunicação não-verbal pode transformar a maneira como você interage com os outros, tornando suas interações mais eficazes e harmoniosas.

Está pronto para continuar aprofundando suas habilidades de comunicação? No próximo capítulo, **"ESCUTA ATIVA"**, vamos explorar como desenvolver suas habilidades de escuta para melhor entender as preocupações e pontos de vista dos outros antes de falar. Acompanhe-nos para descobrir estratégias para ouvir de forma mais eficaz e responsiva. Vamos lá!

ESCUTA ATIVA

A escuta ativa é uma das habilidades mais importantes para uma comunicação eficaz. Ela não só permite que você realmente entenda o que está sendo dito, mas também demonstra respeito e cuidado pelo interlocutor. Neste capítulo, vamos explorar técnicas de escuta ativa que ajudarão você a captar não apenas as palavras, mas também as emoções e intenções por trás delas, melhorando significativamente suas interações pessoais e profissionais.

O QUE É ESCUTA ATIVA?

Escuta ativa é um processo ativo de ouvir atentamente o que o outro está dizendo, envolvendo tanto a compreensão das palavras quanto a resposta que mostra que você está engajado. É mais do que apenas ouvir passivamente; é sobre compreender, reter e responder de forma apropriada à mensagem do outro.

ELEMENTOS FUNDAMENTAIS DA ESCUTA ATIVA

- **Atenção total:** Focar completamente no falante, evitando distrações como celulares ou pensamentos errantes. Isso pode envolver o contato visual direto e uma postura aberta e receptiva.

- **Não interromper:** Permitir que o falante termine suas ideias sem interrupções. Isso mostra respeito pelos seus pensamentos e sentimentos e evita suposições precipitadas.

- **Refletir o conteúdo:** Parafrasear o que o falante disse para confirmar que você entendeu corretamente. Isso também ajuda o falante a ouvir sua própria ideia e potencialmente refinar ou expandir seu pensamento.

- **Observar os não verbais:** Prestar atenção na linguagem corporal, tom de voz e expressões faciais para captar a mensagem completa, incluindo nuances que as palavras por si só não podem transmitir.

- **Responder de forma empática:** Mostrar empatia e validar os sentimentos do falante, mesmo que você não concorde com eles. Isso pode ser feito através de comentários que reconheçam suas emoções ou expressando compreensão.

BENEFÍCIOS DA ESCUTA ATIVA

- **Melhora relacionamentos:** Constrói confiança e respeito, fundamentais para relacionamentos saudáveis e colaborativos.

- **Prevenção de conflitos:** Reduz mal-entendidos e promove resoluções de conflitos mais eficazes.

- **Maior compreensão:** Aumenta a eficácia da comunicação ao permitir uma compreensão mais profunda das necessidades e preocupações das pessoas.

COLOCANDO EM PRÁTICA

- **Exercícios de escuta:** Pratique com amigos ou colegas de trabalho pedindo-lhes que compartilhem algo e, em seguida, você responde resumindo o que entendeu.

- **Feedback constante:** Solicite feedback sobre como você está escutando para melhorar continuamente suas habilidades.

- **Ambientes diversos:** Use a escuta ativa em diferentes contextos para entender como ela pode ser adaptada conforme as necessidades da situação e das pessoas envolvidas.

Dominar a escuta ativa é essencial para qualquer pessoa que busca aprimorar sua comunicação. Pronto para seguir adiante? No próximo capítulo, **"FRAMING POSITIVO"**, vamos explorar técnicas para enquadrar sua mensagem de maneira positiva, mesmo ao abordar temas delicados ou óbvios. Esteja preparado para aprender como suas palavras podem incentivar uma recepção mais aberta e cooperativa. Vamos juntos nesta jornada!

FRAMING POSITIVO

A maneira como você enquadra sua comunicação pode significativamente influenciar como sua mensagem é recebida. O "framing positivo" é uma técnica poderosa que envolve apresentar informações de uma maneira que destaque os aspectos positivos, mesmo quando o tema em discussão pode ser delicado ou potencialmente negativo. Neste capítulo, você aprenderá a aplicar o framing positivo para transformar conversas desafiadoras em interações construtivas e encorajadoras.

O QUE É FRAMING POSITIVO?

Framing positivo refere-se à prática de reestruturar a maneira como você apresenta uma ideia ou problema, focando nos aspectos positivos ou nas soluções em vez de nas dificuldades ou nos aspectos negativos. Essa abordagem não só melhora a aceitação da mensagem, mas também pode alterar a percepção e a atitude de quem ouve em relação ao conteúdo discutido.

COMO UTILIZAR O FRAMING POSITIVO

- **Foque em soluções, não em problemas:** Em vez de destacar o que está errado ou o que falta, concentre-se em como as coisas podem ser melhoradas e quais são os passos possíveis para alcançar essa melhoria.

- **Use linguagem encorajadora:** Palavras têm poder. Escolha termos que sejam positivos e encorajadores. Por exemplo, em vez de dizer "Isso não está bom", você pode dizer "Vamos ver como podemos melhorar isso juntos".

- **Destaque os benefícios:** Quando discutir mudanças ou feedbacks, enfatize os benefícios que acompanharão as alterações sugeridas. Isso pode ajudar a criar uma visão mais otimista e uma maior disposição para a aceitação.

- **Evite linguagem negativa:** Palavras como "não", "nunca" e "nada" podem instigar resistência. Tente reformular essas expressões de forma a evitar negatividade.

- **Seja empático:** Reconheça as preocupações e sentimentos dos outros ao apresentar sua mensagem. Isso mostra que você entende e respeita suas perspectivas, o que pode facilitar uma recepção mais positiva.

BENEFÍCIOS DO FRAMING POSITIVO

- **Promove uma atmosfera positiva:** Ajuda a criar e manter um ambiente mais positivo, tanto em casa quanto no trabalho.

- **Encoraja a cooperação:** As pessoas são mais propensas a colaborar e a participar ativamente quando se sentem motivadas e positivas sobre a situação.

- **Facilita a aceitação de mudanças:** Enquadrar mudanças de forma positiva pode aumentar a aceitação e reduzir a resistência.

- **Melhora a resolução de conflitos:** Abordar conflitos com uma perspectiva positiva pode levar a soluções mais criativas e menos confrontativas.

Pratique o framing positivo nas suas conversas diárias. Tente reenquadrar uma situação negativa que você discutiu recentemente e observe como a mudança na apresentação pode alterar a reação das pessoas envolvidas.

Pronto para aprofundar ainda mais suas habilidades de comunicação? No próximo capítulo, **"EVITANDO ARMADILHAS DA COMUNICAÇÃO"**, vamos explorar como identificar e evitar padrões de linguagem e comportamentos que podem ser percebidos como grosseiros ou desrespeitosos. Este conhecimento será crucial para manter suas interações tão respeitosas quanto eficazes. Continue conosco nesta jornada para se tornar um comunicador mais habilidoso e consciente. Vamos lá!

EVITANDO ARMADILHAS DA COMUNICAÇÃO

Comunicar-se de maneira eficaz requer não apenas saber o que dizer e como dizer, mas também estar ciente das armadilhas que podem sabotar suas interações. Este capítulo abordará padrões de linguagem e comportamentos comuns que podem ser percebidos como grosseiros ou desrespeitosos, além de oferecer estratégias para evitá-los, garantindo que suas comunicações sejam recebidas da maneira mais positiva possível.

CONHECENDO AS ARMADILHAS COMUNS

- **Generalizações excessivas:** Usar palavras como "sempre" ou "nunca" em discussões pode levar a mal-entendidos e respostas defensivas. Essas palavras sugerem uma absolutidade que raramente é precisa e pode fechar as portas para um diálogo construtivo.

- **Tom de voz inapropriado:** Um tom de voz que soe acusatório, sarcástico ou condescendente pode transformar uma conversa neutra em um conflito. Atenção ao tom é crucial, especialmente em comunicações delicadas.

- **Interrupções frequentes:** Interromper os outros enquanto falam não só é visto como falta de educação, mas também como um sinal de que você não valoriza o que eles têm a dizer.

- **Falta de feedback positivo:** Comunicar-se envolve dar e receber. Falhar em reconhecer as contribuições dos outros pode deixá-los sentindo-se desvalorizados e relutantes em engajar em futuras interações.

- **Suposições e presunções:** Assumir que você sabe o que o outro está pensando ou sentindo sem verificar pode levar a mal-entendidos e ressentimentos.

ESTRATÉGIAS PARA EVITAR ESSAS ARMADILHAS

- **Use linguagem específica:** Evite generalizações ao discutir comportamentos ou situações. Seja específico sobre o que você está se referindo, focando em instâncias concretas em vez de comportamentos percebidos como universais.

- **Controle seu tom:** Pratique falar de maneira calma e clara. Gravar sua própria voz pode ajudá-lo a se tornar mais consciente de como você soa para os outros.

- **Pratique a escuta ativa:** Demonstre respeito pelos pontos de vista dos outros ao ouvir atentamente e esperar que terminem de falar antes de responder.

- **Incorpore feedback positivo:** Faça um esforço consciente para reconhecer e validar as contribuições dos outros antes de oferecer sua própria perspectiva.

- Verifique antes de assumir: Quando estiver incerto sobre os sentimentos ou pensamentos de alguém, pergunte diretamente em vez de supor. Isso mostra respeito pela experiência deles e evita mal-entendidos.

Evitar essas armadilhas não apenas melhora a qualidade de suas interações, mas também fortalece suas relações ao mostrar que você valoriza e respeita os outros. Integrar essas práticas no seu dia a dia exigirá atenção e esforço, mas os benefícios para sua comunicação serão imensos.

Pronto para continuar aperfeiçoando suas habilidades comunicativas? No próximo capítulo, **"A ARTE DE PERGUNTAR"**, exploraremos como usar perguntas de forma eficaz para guiar conversas e esclarecer pontos que podem parecer óbvios. Esta habilidade é essencial para qualquer comunicador eficaz, ajudando a garantir que suas interações sejam tão claras quanto construtivas. Continue conosco neste caminho de crescimento e desenvolvimento. Vamos lá!

A ARTE DE PERGUNTAR

Fazer perguntas é uma ferramenta poderosa na comunicação. Elas não só ajudam a esclarecer dúvidas e aprofundar o entendimento, mas também demonstram interesse e engajamento. Este capítulo focará em como você pode usar perguntas de maneira eficaz para guiar conversas, esclarecer pontos que podem parecer óbvios e melhorar significativamente a qualidade das suas interações.

O PODER DAS PERGUNTAS NA COMUNICAÇÃO

Perguntas são fundamentais para abrir diálogos, explorar novas ideias e resolver conflitos. Elas incentivam a reflexão, estimulam a troca de ideias e podem suavizar situações em que informações diretas poderiam ser mal recebidas. Usar perguntas eficazmente pode transformar completamente a dinâmica de uma conversa.

TIPOS DE PERGUNTAS E SEUS USOS

- **Perguntas abertas:** Estas perguntas geralmente começam com "como", "por que", ou "o que" e são projetadas para encorajar respostas detalhadas. Exemplo: "Como você acha que podemos melhorar esse processo?"

- **Perguntas fechadas:** Utilizadas para obter informações específicas, essas perguntas podem ser respondidas com um simples "sim" ou "não". Exemplo: "Você está disponível para a reunião amanhã?"

- **Perguntas reflexivas:** Usadas para refletir sobre o que foi dito, ajudando a pessoa a explorar seus pensamentos e sentimentos mais profundamente. Exemplo: "Você parece preocupado com essa decisão; pode me contar mais sobre suas preocupações?"

- **Perguntas clarificadoras:** Ajudam a esclarecer o que foi dito, garantindo que todos os participantes da conversa tenham o mesmo entendimento. Exemplo: "Quando você diz 'rápido', pode especificar um prazo?"

ESTRATÉGIAS PARA FAZER PERGUNTAS EFICAZES

- **Seja específico e direto:** Perguntas vagas podem levar a respostas igualmente imprecisas. Seja claro e específico no que você está perguntando.

- **Use perguntas para construir relacionamentos:** Faça perguntas que mostrem que você valoriza as opiniões e experiências dos outros. Isso pode fortalecer relações e aumentar a confiança.

Mantenha o equilíbrio: Enquanto fazer perguntas é essencial, é importante não transformar a conversa em um interrogatório. Deixe a conversa fluir naturalmente.

- **Ajuste o tom:** O modo como você faz uma pergunta pode afetar como ela é recebida. Certifique-se de que seu tom não seja interpretado como crítico ou condescendente.

Implemente o que aprendeu fazendo perguntas conscientes no seu dia a dia. Pratique em diferentes contextos — com amigos, família ou colegas de trabalho — e observe como as perguntas podem mudar a natureza de uma conversa.

Pronto para continuar desenvolvendo suas habilidades de comunicação? No próximo capítulo, **"ASSERTIVIDADE VS. AGRESSIVIDADE"**, exploraremos a diferença entre ser assertivo e ser agressivo. Aprender a navegar entre esses dois pode ajudá-lo a expressar suas necessidades e opiniões de forma respeitosa e eficaz. Continue conosco nesta jornada para se tornar um comunicador ainda mais competente e consciente. Vamos lá!

ASSERTIVIDADE VS. AGRESSIVIDADE

Compreender a diferença entre ser assertivo e ser agressivo é crucial para uma comunicação eficaz e respeitosa. Assertividade envolve expressar suas ideias e necessidades de forma clara e direta, enquanto respeita os direitos e opiniões dos outros. Agressividade, por outro lado, desconsidera os sentimentos dos outros e pode levar a conflitos e mal-entendidos. Neste capítulo, exploraremos como você pode cultivar uma comunicação assertiva, evitando a agressividade, para melhorar suas interações em todos os aspectos da vida.

COMPREENDENDO ASSERTIVIDADE E AGRESSIVIDADE

- **Assertividade** é a habilidade de expressar seus pensamentos e sentimentos de maneira confiante e positiva, sem ser passivo ou agressivo. É sobre ser honesto consigo mesmo e com os outros, mantendo sempre o respeito mútuo.

- **Agressividade**, por sua vez, muitas vezes envolve impor suas opiniões aos outros sem considerar suas perspectivas ou sentimentos. Isso pode resultar em respostas defensivas e pode prejudicar relacionamentos duradouros.

CARACTERÍSTICAS DE COMUNICAÇÃO ASSERTIVA

- **Respeito mútuo:** Reconhece a importância de valorizar tanto suas próprias opiniões quanto as dos outros.

- **Comunicação direta:** Expressa claramente suas necessidades e desejos sem rodeios, mas de forma respeitosa.

- **Equilíbrio:** Mantém um equilíbrio saudável entre expressar seus sentimentos e considerar os dos outros.

- **Abertura a feedback:** Está aberto a receber e discutir feedback de forma construtiva.

CARACTERÍSTICAS DE COMUNICAÇÃO AGRESSIVA

- **Domínio:** Tenta controlar ou dominar a conversa sem considerar a participação alheia.

- **Intimidação:** Usa um tom de voz elevado ou linguagem que pode fazer os outros se sentirem pressionados ou ameaçados.

- **Desconsideração:** Ignora ou desvaloriza os sentimentos e opiniões dos outros.

- **Defensividade excessiva:** Responde a confrontos ou críticas com hostilidade ou raiva.

DICAS PARA DESENVOLVER ASSERTIVIDADE

- **Conheça seus direitos e necessidades:** Esteja ciente de suas próprias necessidades e direitos, bem como dos direitos dos outros.

- **Pratique a fala clara:** Use frases claras que comecem com "Eu sinto", "Eu preciso" ou "Eu gostaria", que expressam suas necessidades sem acusar ou culpabilizar os outros.

- **Mantenha calma e controle:** Mesmo em situações tensas, esforce-se para manter a calma e falar de maneira controlada.

- **Use feedback positivo:** Inclua feedback positivo em suas interações, o que pode ajudar a suavizar o impacto de críticas ou pedidos difíceis.

Comece pequeno, escolhendo situações do dia a dia onde você pode praticar a assertividade. Pode ser algo tão simples quanto expressar uma preferência por um tipo de comida ou discutir um projeto no trabalho. À medida que você se torna mais confortável em ser assertivo nessas situações menores, encontrará mais facilidade para aplicá-lo em contextos mais desafiadores.

Pronto para avançar ainda mais em suas habilidades de comunicação? No próximo capítulo, **"FEEDBACK CONSTRUTIVO"**, exploraremos como oferecer e receber feedback de maneira que seja útil e acolhedora, em vez de crítica e grosseira. Continuar aprimorando essa habilidade é essencial para qualquer comunicador eficaz. Vamos continuar aprendendo juntos!

FEEDBACK CONSTRUTIVO

O feedback é uma ferramenta essencial para o crescimento pessoal e profissional. No entanto, a maneira como ele é dado e recebido pode significativamente influenciar sua eficácia e o impacto nas relações. Este capítulo explora técnicas para oferecer e receber feedback de maneira construtiva e acolhedora, transformando potenciais momentos de crítica em oportunidades de desenvolvimento e aprendizado.

COMPREENDENDO O FEEDBACK CONSTRUTIVO

Feedback construtivo é aquele que visa melhorar o desempenho ou comportamento de alguém, oferecendo insights úteis de forma respeitosa e encorajadora. Ao contrário da crítica, que muitas vezes se foca nos pontos negativos e pode ser desmotivadora, o feedback construtivo é equilibrado, objetivo e focado em soluções.

ELEMENTOS DO FEEDBACK CONSTRUTIVO

- **Específico:** Evite generalizações. Concentre-se em exemplos específicos para ilustrar onde e como a pessoa pode melhorar.

- **Equilibrado:** Inclua pontos positivos junto com áreas de melhoria para evitar que o receptor se sinta desvalorizado.

- **Oportuno:** Ofereça feedback o mais próximo possível do evento em questão, para que os detalhes ainda estejam frescos e relevantes.

- **Respeitoso:** Mantenha um tom de respeito e empatia. Lembre-se de que o objetivo é ajudar, não humilhar.

DICAS PARA OFERECER FEEDBACK

- **Prepare-se:** Antes de oferecer feedback, pense cuidadosamente no que você vai dizer e como vai dizer. Isso pode incluir anotar os principais pontos para garantir clareza e concisão.

- **Contextualize:** Explique por que você está oferecendo feedback e como isso pode ajudar a pessoa a alcançar seus objetivos ou melhorar seu desempenho.

- **Foque no comportamento, não na pessoa:** Direcione seus comentários às ações, não às características pessoais. Por exemplo, diga "O relatório continha alguns erros que precisam ser corrigidos" em vez de "Você não é cuidadoso".

- **Promova um diálogo:** Encoraje a pessoa a expressar sua visão e sentimentos sobre o feedback. Isso pode aumentar o entendimento mútuo e facilitar a cooperação.

DICAS PARA RECEBER FEEDBACK

- **Ouça ativamente:** Mesmo que seja difícil, tente ouvir atentamente sem interromper ou ficar na defensiva.

- **Peça exemplos ou esclarecimentos:** Se o feedback não estiver claro, peça exemplos específicos ou uma explicação mais detalhada.

- **Refletir:** Dedique um tempo para pensar no feedback recebido. Avalie honestamente os pontos levantados e considere como você pode utilizá-los para crescer.

- **Agradeça:** Independentemente de você concordar totalmente com o feedback ou não, agradeça à pessoa por se preocupar em compartilhá-lo.

Experimente aplicar estas técnicas no seu dia a dia, tanto no trabalho quanto em situações pessoais. Pratique tanto a arte de dar quanto de receber feedback. À medida que você se torna mais confortável com essas práticas, descobrirá que elas podem levar a melhorias significativas tanto nas suas habilidades pessoais quanto nas relações interpessoais.

Pronto para avançar? No próximo capítulo, **"TREINANDO A PACIÊNCIA E O CONTROLE"**, vamos explorar como desenvolver paciência e controle emocional para lidar com situações de comunicação desafiadoras. Essas habilidades são cruciais para manter uma comunicação clara e respeitosa sob pressão. Vamos continuar nosso caminho de aprendizado e crescimento!

TREINANDO A PACIÊNCIA E O CONTROLE

A paciência e o controle emocional são essenciais para a comunicação eficaz, especialmente em situações desafiadoras. Ter a habilidade de manter a calma e responder de maneira ponderada pode prevenir mal-entendidos e reforçar relações positivas, tanto no ambiente profissional quanto pessoal. Este capítulo oferece orientações para desenvolver essas capacidades, permitindo que você gerencie melhor suas emoções e melhore suas interações.

A IMPORTÂNCIA DA PACIÊNCIA NA COMUNICAÇÃO

Paciência permite que você ouça melhor, processe a informação de forma mais completa e responda de maneira mais adequada. Isso não apenas melhora a qualidade das suas respostas, mas também demonstra respeito e consideração pelo tempo e palavras dos outros, criando um ambiente mais confortável e propício para o diálogo.

ESTRATÉGIAS PARA DESENVOLVER PACIÊNCIA

- **Reconheça os gatilhos:** Identifique quais situações, comportamentos ou palavras tendem a diminuir sua paciência. Conhecer esses gatilhos pode ajudá-lo a preparar respostas mais calmas e controladas.

- **Respire fundo:** Técnicas simples de respiração podem ajudar a acalmar a mente e reduzir a irritação. Praticar respirações profundas e lentas quando se sentir impaciente pode trazer grande alívio.

- Pratique a escuta ativa: Focar verdadeiramente no que está sendo dito, em vez de preparar sua resposta enquanto o outro ainda está falando, pode ajudar a desenvolver paciência e mostrar genuíno interesse pelo diálogo.

- Estabeleça pausas intencionais: Antes de responder em uma conversa, faça uma pausa consciente. Isso dá tempo para pensar na melhor forma de responder e controlar impulsos imediatos.

A IMPORTÂNCIA DO CONTROLE EMOCIONAL

Controlar suas emoções significa não permitir que suas respostas sejam guiadas por impulsos ou estados emocionais que podem prejudicar a comunicação. Isso não implica em suprimir emoções, mas em entender e gerenciar suas reações de maneiras que sejam produtivas e respeitosas.

TÉCNICAS PARA MELHORAR O CONTROLE EMOCIONAL

- Autoconhecimento: Reflita regularmente sobre suas emoções e reações. Tente entender por que certas situações despertam reações emocionais fortes em você.

- **Desenvolva resiliência:** Fortaleça sua capacidade de enfrentar desafios emocionais praticando a resiliência. Isso pode incluir técnicas de mindfulness, meditação ou terapia.

- **Comunicação assertiva:** Use a assertividade para expressar suas necessidades e emoções de maneira clara e respeitosa, sem deixar que a emoção domine a razão.

- **Peça feedback:** Obter feedback sobre como suas emoções afetam sua comunicação pode oferecer perspectivas valiosas e ajudá-lo a ajustar seu comportamento.

Incorpore estas estratégias em sua rotina diária e em todas as suas interações. Com o tempo, você perceberá que sua capacidade de manter a paciência e controlar suas emoções se tornará mais forte, levando a uma comunicação mais eficaz e relações mais harmoniosas.

Pronto para continuar aprimorando suas habilidades comunicativas? No próximo capítulo, **"TÉCNICAS DE MINDFULNESS NA COMUNICAÇÃO"**, exploraremos como técnicas de atenção plena podem ajudá-lo a aprimorar ainda mais a clareza e a gentileza ao falar. Vamos juntos continuar esta jornada de crescimento pessoal e habilidades de comunicação. Vamos lá!

TÉCNICAS DE MINDFULNESS NA COMUNICAÇÃO

Mindfulness, ou atenção plena, é a prática de estar completamente presente e consciente do momento atual, sem julgamento. Ao aplicar técnicas de mindfulness na comunicação, você pode melhorar significativamente a clareza de suas mensagens e a maneira como responde aos outros, levando a interações mais autênticas e respeitosas. Este capítulo explora como incorporar mindfulness em suas práticas comunicativas para aprimorar tanto a compreensão quanto a expressão.

A IMPORTÂNCIA DO MINDFULNESS NA COMUNICAÇÃO

Mindfulness ajuda a focar na conversa, reduzindo as distrações e melhorando sua capacidade de ouvir e responder de forma mais efetiva. Além disso, permite que você reconheça suas próprias emoções e as dos outros sem reagir de maneira impulsiva, facilitando respostas mais pensadas e menos reativas.

TÉCNICAS DE MINDFULNESS PARA COMUNICAÇÃO EFETIVA

- **Presença total:** Faça um esforço consciente para estar presente durante as conversas. Isso significa evitar distrações, como checar o celular ou pensar em outras tarefas enquanto alguém está falando.

- **Escuta consciente:** Ouça com a intenção de entender, não apenas de responder. Isso envolve prestar atenção não apenas às palavras, mas também ao tom de voz e à linguagem corporal, captando a mensagem completa.

- **Resposta reflexiva:** Antes de responder, faça uma pausa breve para considerar o que foi dito e como você se sente a respeito. Essa pausa pode ajudar a formular uma resposta que seja verdadeira e respeitosa.

- **Auto-observação:** Esteja ciente de suas próprias reações durante a conversa. Reconheça quaisquer julgamentos ou emoções que surjam e tente entender como eles podem estar influenciando sua percepção e resposta.

- **Aceitação:** Aceite as palavras e emoções dos outros sem tentar mudá-las ou julgá-las. Isso pode ajudar a criar um ambiente de confiança e abertura.

BENEFÍCIOS DO MINDFULNESS NA COMUNICAÇÃO

- **Melhora na escuta:** Torna você um ouvinte mais atento e empático, o que é essencial para todas as relações.

- **Redução de conflitos:** Ao responder com mindfulness, é menos provável que você reaja de maneira excessiva ou defensiva, o que pode reduzir conflitos.

- **Aumento da empatia:** Permite uma maior conexão com os sentimentos e perspectivas dos outros, melhorando a compreensão mútua.

- **Comunicação mais clara:** Ajuda a expressar seus pensamentos de maneira mais clara e direta, reduzindo as chances de mal-entendidos.

Incorpore pequenas práticas de mindfulness em sua rotina diária, como respirações conscientes antes de iniciar uma conversa ou momentos de reflexão após interações importantes. Com o tempo, essas práticas se tornarão um hábito natural, melhorando não apenas sua comunicação, mas também sua qualidade de vida geral.

Pronto para dar mais um passo adiante? No próximo capítulo, **"CASOS PRÁTICOS: COMO FALAR O ÓBVIO SEM SER GROSSEIRO"**, aplicaremos todas as habilidades que você aprendeu em exemplos do mundo real. Vamos explorar situações específicas de trabalho, família e redes sociais, para que você possa ver como essas técnicas são aplicadas de forma eficaz. Continue conosco para transformar teoria em prática e aprimorar ainda mais suas habilidades de comunicação. Vamos lá!

CASOS PRÁTICOS: COMO FALAR O ÓBVIO SEM SER GROSSEIRO

Aplicar eficazmente as técnicas de comunicação que discutimos até agora é crucial, especialmente quando se trata de expressar conceitos ou fatos que podem parecer óbvios. Este capítulo fornece exemplos práticos de como você pode falar o óbvio sem ser grosseiro, utilizando cenários comuns no trabalho, na família e nas redes sociais. Cada situação é uma oportunidade para praticar a arte de comunicar-se de maneira clara e respeitosa.

NO AMBIENTE DE TRABALHO

- **Situação:** Seu colega continua enviando relatórios incompletos, algo que já foi discutido anteriormente.

- **Abordagem errada:** "Você sempre entrega relatórios incompletos. Não sei por que tenho que ficar lembrando você disso."

- **Abordagem correta:** "Percebi que alguns pontos que discutimos anteriormente ficaram de fora do último relatório. Vamos revisar juntos os critérios para garantir que estamos na mesma página? Isso pode ajudar a melhorar nossa entrega final."

EM RELAÇÕES FAMILIARES

- **Situação:** Um membro da família esquece constantemente de fazer tarefas que são importantes para a organização da casa.

- **Abordagem errada:** "Você nunca se lembra de fazer o que pedimos. Parece que não se importa com a ordem da casa."

- **Abordagem correta:** "Notei que algumas tarefas ficaram pendentes novamente. Entendo que todos temos muito em mente. Que tal colocarmos um lembrete no celular ou um quadro de tarefas visível para todos? Assim, podemos nos ajudar a lembrar."

NAS REDES SOCIAIS

- **Situação:** Alguém posta uma informação incorreta que você sabe que é um equívoco comum.

- **Abordagem errada:** "Isso está completamente errado. Como você pode postar algo assim sem verificar?"

- **Abordagem correta:** "Entendo o ponto que você queria expressar aqui e é um tópico realmente relevante! Vi informações adicionais que podem complementar esse assunto e oferecer outra perspectiva. Posso compartilhar com você?"

DICAS GERAIS PARA FALAR O ÓBVIO

- **Seja empático:** Sempre tente entender o porquê de a outra pessoa não perceber o que para você parece óbvio. Isso pode ajudar a formular uma abordagem mais compreensiva.

- **Use perguntas:** Fazer perguntas pode ajudar a outra pessoa a chegar à conclusão por si mesma, o que pode ser menos confrontativo do que simplesmente apontar o erro.

- **Ofereça ajuda:** Em vez de apenas apontar o que está errado, ofereça soluções ou ajuda para melhorar a situação.

Mantenha o respeito: Independentemente de quão óbvio algo possa parecer para você, manter o respeito pela perspectiva do outro é crucial.

Ao praticar essas técnicas em situações reais, você não apenas evitará ser grosseiro, mas também construirá pontes de comunicação efetiva e respeitosa. No próximo capítulo, **"CONSTRUINDO PONTES, NÃO MUROS"**, exploraremos estratégias adicionais para usar a comunicação como uma ferramenta para unir as pessoas, mesmo quando existem divergências. Continue conosco nesta jornada para tornar cada interação mais significativa e respeitosa. Vamos lá!

CONSTRUINDO PONTES, NÃO MUROS

A comunicação eficaz vai além de simplesmente transmitir informações; ela tem o poder de unir as pessoas, transformando diferenças em pontos de conexão e entendimento mútuo. Este capítulo foca em estratégias para usar a comunicação como uma ferramenta de união, mesmo diante de divergências e conflitos. Ao adotar essas técnicas, você pode transformar potenciais confrontos em oportunidades de colaboração e crescimento compartilhado.

A IMPORTÂNCIA DE CONSTRUIR PONTES

Construir pontes através da comunicação significa criar laços que promovam o entendimento e a cooperação, em vez de divisões. Isso é essencial em todos os aspectos da vida, desde interações pessoais até discussões globais, e requer uma abordagem consciente e deliberada para superar barreiras e preconceitos.

ESTRATÉGIAS PARA CONSTRUIR PONTES

- **Foco no diálogo aberto:** Encoraje a expressão de diferentes pontos de vista de maneira respeitosa. Estabeleça um ambiente onde as pessoas se sintam seguras para compartilhar suas opiniões sem medo de julgamento.

- **Prática da empatia ativa:** Tente entender verdadeiramente a perspectiva do outro, colocando-se em seu lugar. Isso não significa necessariamente concordar, mas sim compreender as razões por trás das suas crenças e comportamentos.

- Uso de linguagem inclusiva: Evite palavras ou frases que possam ser exclusivas ou alienantes. Opte por uma linguagem que inclua todos os participantes da conversa, reforçando a ideia de um objetivo comum.

- Valorização das diferenças: Reconheça e celebre as diferenças entre as pessoas como uma fonte de força e enriquecimento. Mostre como diversos pontos de vista podem contribuir para soluções mais completas e inovadoras.

- Negociação e compromisso: Quando confrontado com um conflito, busque soluções que atendam aos interesses de todas as partes envolvidas. Isso pode envolver compromissos de ambos os lados, mas o resultado é frequentemente mais duradouro e satisfatório.

APLICANDO AS ESTRATÉGIAS NA PRÁTICA

- No trabalho: Use reuniões para encorajar a equipe a discutir abertamente os desafios do projeto, solicitando sugestões e enfatizando a importância de cada contribuição para o sucesso do grupo.

- Em casa: Quando surgirem desentendimentos familiares, foque em entender as emoções e perspectivas envolvidas. Use isso para guiar uma conversa que busque soluções aceitáveis para todos.

- **Na comunidade:** Participe ou organize fóruns de discussão sobre questões locais, onde moradores possam expressar preocupações e colaborar em planos de ação que beneficiem a comunidade como um todo.

Construir pontes através da comunicação pode levar a uma maior harmonia e colaboração. Além disso, ao abordar conflitos e diferenças de maneira construtiva, você contribui para criar um ambiente mais inclusivo e acolhedor, onde todos se sintam valorizados e ouvidos.

Pronto para seguir adiante? No próximo capítulo, **"RESOLVENDO CONFLITOS COM ELEGÂNCIA"**, vamos aprofundar nas técnicas de resolução de conflitos, explorando como você pode usar a comunicação para resolver disputas de maneira respeitosa e eficaz. Continue conosco para aprimorar ainda mais suas habilidades de comunicação e transformar cada desafio em uma oportunidade de crescimento. Vamos lá!

RESOLVENDO CONFLITOS COM ELEGÂNCIA

Conflitos são uma parte natural das relações humanas, mas a maneira como são resolvidos pode fortalecer ou enfraquecer vínculos. A habilidade de resolver conflitos com elegância não apenas alivia tensões, mas também promove um ambiente de entendimento e cooperação mútuos. Este capítulo foca em técnicas eficazes de comunicação que você pode usar para resolver disputas de forma respeitosa e eficiente.

ENTENDENDO A NATUREZA DOS CONFLITOS

Conflitos surgem quando há divergências de opiniões, valores, ou interesses. Eles podem ser exacerbados por mal-entendidos, comunicação ineficaz ou escassez de recursos. Reconhecer a raiz do conflito é o primeiro passo para resolvê-lo de maneira eficaz.

ESTRATÉGIAS PARA RESOLUÇÃO DE CONFLITOS

- **Escuta ativa:** Ouça todas as partes envolvidas sem interrupção. Muitas vezes, apenas sentir-se ouvido pode diminuir a tensão e abrir caminho para soluções.

- **Identificação de interesses comuns:** Foque nos interesses compartilhados em vez das posições defendidas. Isso pode ajudar a encontrar um terreno comum onde soluções mutualmente benéficas podem ser construídas.

- **Expressão clara e assertiva:** Comunique seus pensamentos e sentimentos claramente, usando "eu sinto" ou "eu percebo", evitando acusações que possam intensificar o conflito.

- **Exploração de soluções alternativas:** Encoraje a geração de ideias onde todas as partes contribuam com possíveis soluções. Isso não apenas aumenta a chance de encontrar uma solução aceitável, mas também promove a colaboração.

- **Acordo formal:** Uma vez que uma solução seja acordada, é útil formalizá-la através de um acordo escrito ou compromissos claros. Isso assegura que todos estejam alinhados e comprometidos com a solução proposta.

EXEMPLOS PRÁTICOS DE RESOLUÇÃO DE CONFLITOS

- **No trabalho:** Se dois membros da equipe têm ideias conflitantes sobre a direção de um projeto, organize uma reunião em que cada um possa apresentar suas visões e use uma abordagem de brainstorming para integrar elementos de ambas as ideias em um plano cooperativo.

- **Em casa:** Se houver desacordo sobre tarefas domésticas, discuta as preferências de cada um e estabeleça um cronograma de tarefas que considere a justiça e a eficiência, permitindo ajustes conforme necessário.

- **Na comunidade:** Em caso de disputas sobre mudanças na vizinhança, como a implementação de novas políticas locais, facilite encontros comunitários que ofereçam espaço para todos expressarem suas preocupações e sugestões.

Resolver conflitos com elegância fortalece relações, promove o respeito mútuo e cria uma cultura de diálogo aberto e resolução construtiva de problemas. Isso não só resolve o conflito imediato, mas também melhora a habilidade coletiva de lidar com futuras discrepâncias de maneira eficaz.

Pronto para avançar na sua jornada de aprimoramento das habilidades comunicativas? No próximo capítulo, **"CULTIVANDO A HUMILDADE NA COMUNICAÇÃO"**, exploraremos a importância da humildade ao expressar opiniões que pareçam óbvias para você, mas que podem não ser tão claras para outros. Continue conosco e descubra como a humildade pode transformar sua maneira de interagir e influenciar positivamente suas comunicações. Vamos lá!

CULTIVANDO A HUMILDADE NA COMUNICAÇÃO

A humildade é uma virtude poderosa na comunicação, especialmente quando se trata de expressar opiniões que podem parecer óbvias para você, mas não para os outros. Este capítulo explora como cultivar a humildade em suas interações, promovendo uma troca mais respeitosa e eficaz de ideias, e fortalecendo as relações interpessoais através do reconhecimento e da valorização das perspectivas alheias.

A IMPORTÂNCIA DA HUMILDADE NA COMUNICAÇÃO

A humildade na comunicação permite reconhecer que nossa própria visão de mundo é limitada e que outras pessoas podem oferecer insights valiosos que nos escapam. Adotar uma postura humilde ajuda a evitar conflitos desnecessários e facilita um diálogo mais aberto e construtivo.

CARACTERÍSTICAS DE UM COMUNICADOR HUMILDE

- **Ouvinte atento:** Mostra genuíno interesse pelas opiniões alheias, valorizando as contribuições de todos na conversa.

- **Aberto a aprendizado:** Reconhece que sempre há algo novo a aprender, independentemente da experiência ou do conhecimento prévio.

- **Pronto para admitir erros:** Aceita e admite erros sem hesitação, vendo-os como oportunidades de crescimento pessoal e profissional.

- **Evita presunções:** Evita assumir que sabe o que é melhor para os outros ou que sua perspectiva é a única correta.

PRÁTICAS PARA DESENVOLVER HUMILDADE NA COMUNICAÇÃO

- **Pergunte mais, afirme menos:** Incentive mais diálogo e descoberta mútua através de perguntas que exploram as ideias e sentimentos dos outros, em vez de apenas apresentar suas próprias opiniões.

- **Valorize todas as contribuições:** Faça um esforço consciente para reconhecer e valorizar as contribuições de todos, mesmo que não concorde com elas. Isso não apenas promove a humildade, mas também incentiva um ambiente mais colaborativo.

- **Reflita sobre suas interlocuções:** Após conversas importantes, reserve um momento para refletir sobre como você interagiu. Pergunte-se se você foi verdadeiramente aberto e respeitoso das perspectivas alheias.

- **Pratique a autoconsciência:** Mantenha-se consciente de suas próprias limitações e preconceitos. Reconhecer suas próprias falhas é um passo crucial para cultivar a humildade.

BENEFÍCIOS DA HUMILDADE NA COMUNICAÇÃO

- **Melhora relacionamentos:** A humildade facilita relacionamentos mais fortes e respeitosos, pois as pessoas se sentem valorizadas e compreendidas.

- **Fomenta o respeito mútuo:** Quando as pessoas percebem a sua abertura e respeito por suas ideias, são mais propensas a reciprocizar.

- **Encoraja ambientes colaborativos:** Uma abordagem humilde na comunicação encoraja um ambiente onde a colaboração e a inovação podem prosperar.

- **Reduz conflitos:** Ao admitir que você não tem todas as respostas, você minimiza as chances de conflitos baseados em mal-entendidos ou rigidez de opiniões.

Pronto para levar suas habilidades comunicativas ainda mais longe? No próximo capítulo, **"DESENVOLVENDO HABILIDADES DE PERSUASÃO GENTIL"**, exploraremos como você pode influenciar positivamente os outros mantendo um estilo de comunicação respeitoso e efetivo. Continue comigo nesta jornada de enriquecimento pessoal e profissional. Vamos lá!

DESENVOLVENDO HABILIDADES DE PERSUASÃO GENTIL

A persuasão é uma arte essencial na comunicação, usada para influenciar e convencer os outros de forma suave e respeitosa. Este capítulo se dedica a ensinar como você pode desenvolver habilidades de persuasão gentil, permitindo que você apresente suas ideias e convença os outros sem imposição ou agressividade.

A NATUREZA DA PERSUASÃO GENTIL

Persuasão gentil difere significativamente das abordagens mais agressivas ou manipulativas de influência. Ela se baseia no respeito mútuo, no diálogo aberto e na compreensão das necessidades e desejos dos outros, procurando alcançar um consenso que beneficie todas as partes envolvidas.

ESTRATÉGIAS PARA PERSUASÃO EFICAZ E RESPEITOSA

- **Conheça seu público:** Entender quem são seus interlocutores e o que valorizam é fundamental para adaptar sua mensagem de maneira eficaz.

- **Construa credibilidade:** Mostre-se confiável e bem-informado. A credibilidade é essencial para persuadir, pois as pessoas tendem a confiar e seguir aqueles que demonstram ter conhecimento e integridade.

- **Use a lógica e o emocional:** Equilibre argumentos lógicos com apelos emocionais. As pessoas são influenciadas tanto por dados e fatos quanto por histórias e exemplos que ressoam em um nível emocional.

- **Seja empático:** Demonstre empatia e compreensão pelas perspectivas e preocupações dos outros. Isso pode ajudar a quebrar resistências e construir uma ponte de entendimento.

- **Pratique a escuta ativa:** Ouvir atentamente não só fortalece suas argumentações ao responder diretamente às preocupações dos outros, mas também demonstra respeito e valorização das opiniões alheias.

EXEMPLOS PRÁTICOS DE PERSUASÃO GENTIL

- **No ambiente de trabalho:** Ao propor uma nova iniciativa, apresente não apenas os benefícios para a empresa, mas também como ela pode atender às necessidades individuais dos colegas ou melhorar o ambiente de trabalho.

- **Em casa:** Ao discutir mudanças na rotina doméstica, enfatize como essas mudanças podem proporcionar mais tempo para atividades em família ou para cada membro cuidar de seus interesses pessoais.

- **Na comunidade:** Ao persuadir os vizinhos a participarem de um projeto comunitário, destaque os benefícios coletivos e individuais, como a melhoria da segurança ou da infraestrutura local.

BENEFÍCIOS DA PERSUASÃO GENTIL

- **Relações fortalecidas:** Persuadir de maneira gentil e respeitosa fortalece as relações, pois cria um ambiente de cooperação e respeito mútuo.

- **Menos resistência:** As pessoas são menos defensivas e mais abertas a mudanças quando se sentem respeitadas e compreendidas.

- **Maior influência:** Ao desenvolver uma reputação de comunicador cuidadoso e considerado, sua capacidade de influenciar dentro de seu círculo social ou profissional cresce significativamente.

Pronto para a próxima etapa? No próximo capítulo, **"COMUNICAÇÃO DIGITAL E ETIQUETA"**, exploraremos como aplicar suas habilidades de comunicação na era digital, mantendo a cortesia e a eficácia em plataformas online. Continue nesta jornada de aprimoramento para se tornar um comunicador ainda mais competente e influente. Vamos lá!

COMUNICAÇÃO DIGITAL E ETIQUETA

A comunicação digital se tornou uma parte fundamental de nossas vidas, especialmente no mundo interconectado de hoje. Neste capítulo, exploraremos como você pode aplicar suas habilidades de comunicação de maneira eficaz nas plataformas digitais, mantendo a cortesia e a clareza para garantir que suas interações online sejam tão respeitosas e produtivas quanto as presenciais.

ENTENDENDO A COMUNICAÇÃO DIGITAL

A comunicação digital inclui e-mails, mensagens de texto, posts em redes sociais e interações em plataformas de videoconferência. Cada um desses canais tem suas próprias normas e expectativas, que podem variar significativamente dependendo do contexto (profissional ou pessoal) e do público.

PRINCÍPIOS BÁSICOS DE ETIQUETA DIGITAL

- **Clareza e concisão:** Mensagens digitais devem ser claras e diretas. Em ambientes profissionais, evite linguagem excessivamente casual e jargões que possam ser mal interpretados.

- **Respeito pelos horários:** Seja consciente dos horários ao enviar mensagens. Evite enviar comunicações profissionais fora do horário de trabalho normal, a menos que seja uma emergência.

- **Uso de emojis e símbolos:** Em contextos informais, emojis podem ajudar a transmitir o tom da mensagem, mas em ambientes profissionais, seu uso deve ser limitado e ponderado.

- **Revisão antes de enviar:** Sempre releia suas mensagens antes de enviá-las para corrigir erros de digitação, gramaticais ou de tom.

- **Resposta oportuna:** Responder prontamente às mensagens mostra respeito e consideração pelo tempo do remetente. Estabeleça e mantenha expectativas razoáveis de tempo de resposta.

ETIQUETA EM E-MAILS PROFISSIONAIS

- **Assunto claro:** O campo de assunto do e-mail deve ser informativo e específico para ajudar o destinatário a entender a importância e o contexto do e-mail.

- **Saudação adequada:** Comece com uma saudação formal, a menos que você tenha uma relação prévia mais casual com o destinatário.

- **Fecho apropriado:** Termine seus e-mails com uma despedida profissional, como "Atenciosamente" ou "Melhores cumprimentos", seguido do seu nome.

ETIQUETA EM REDES SOCIAIS

- **Pense antes de postar:** Reflita sobre o conteúdo das suas postagens e o impacto que elas podem ter. Evite postar algo em um impulso emocional.

- **Privacidade e segurança:** Considere as configurações de privacidade e quem pode ver suas postagens. Respeite a privacidade dos outros, evitando compartilhar informações sem permissão.

- **Interaja com respeito:** Trate os outros com o mesmo respeito que você gostaria de receber. Comentários desrespeitosos ou inflamados raramente são produtivos.

BENEFÍCIOS DA BOA ETIQUETA DIGITAL

- **Melhora a compreensão:** Uma comunicação clara e bem estruturada reduz mal-entendidos.

- **Fortalece relacionamentos:** Manter uma etiqueta apropriada fortalece as relações profissionais e pessoais.

- **Promove uma imagem positiva:** Uma boa etiqueta digital reflete positivamente em sua imagem pessoal e profissional.

Pronto para explorar mais sobre comunicação eficaz? No próximo capítulo, **"SUPERANDO BARREIRAS CULTURAIS"**, vamos discutir como as diferenças culturais podem afetar a percepção do que é óbvio e como navegar nessas situações. Acompanhe-nos para aprofundar sua compreensão e habilidades em um contexto global. Vamos lá!

SUPERANDO BARREIRAS CULTURAIS

Navegar na comunicação entre diferentes culturas pode ser desafiador, mas é essencial para a construção de relações eficazes e respeitosas em um mundo globalizado. Este capítulo explora como as diferenças culturais podem influenciar a percepção do que é óbvio e oferece estratégias para superar essas barreiras, garantindo uma comunicação mais eficiente e inclusiva.

ENTENDENDO AS BARREIRAS CULTURAIS

As barreiras culturais na comunicação surgem de diferenças nos valores, normas, e expectativas sociais entre culturas distintas. Essas diferenças podem afetar a linguagem, a expressão não verbal, os conceitos de tempo e espaço, e até mesmo o modo como as informações são processadas e entendidas.

IDENTIFICANDO DIFERENÇAS CULTURAIS COMUNS

- **Comunicação direta vs. indireta:** Algumas culturas valorizam a comunicação direta e clara, enquanto outras preferem abordagens mais sutis e indiretas para evitar confrontos.

- **Individualismo vs. coletivismo:** Culturas individualistas tendem a enfatizar a autonomia pessoal e a responsabilidade individual, enquanto culturas coletivistas focam no bem-estar do grupo e nas responsabilidades comunitárias.

- **Contexto de alto vs. baixo:** Em culturas de alto contexto, muita da comunicação é implícita e dependente do contexto, enquanto em culturas de baixo contexto, a comunicação é explícita e as palavras expressam diretamente o significado.

- **Relações de poder:** A percepção de hierarquia pode variar significativamente entre culturas, influenciando como a comunicação é estruturada e quem tem autoridade para falar em diferentes situações.

ESTRATÉGIAS PARA SUPERAR BARREIRAS CULTURAIS

- **Educação e conhecimento:** Aprenda sobre as culturas com as quais você interage regularmente. Entender costumes, tradições e valores pode ajudar a evitar mal-entendidos e a adaptar sua comunicação.

- **Flexibilidade e adaptação:** Esteja preparado para ajustar seu estilo de comunicação conforme necessário. Isso pode significar ser mais direto ou mais sutil, dependendo do contexto cultural.

- **Uso de linguagem neutra:** Evite jargões, expressões idiomáticas e referências culturais que possam não ser entendidas por pessoas de outras culturas.

- **Feedback claro:** Encoraje e pratique a obtenção de feedback para garantir que sua mensagem foi entendida como pretendido. Isso é especialmente importante em interações interculturais, onde as chances de mal-entendidos são maiores.

- **Respeito e sensibilidade:** Mostre respeito pelas diferenças culturais e esteja aberto a aprender com os outros. Abordar as interações culturais com sensibilidade e abertura pode transformar desafios em oportunidades de enriquecimento mútuo.

BENEFÍCIOS DE SUPERAR BARREIRAS CULTURAIS

- **Relacionamentos mais fortes:** Comunicação eficaz entre culturas fortalece parcerias e relações pessoais e profissionais.

- **Ambientes mais inclusivos:** Quando as barreiras culturais são superadas, cria-se um ambiente mais acolhedor e inclusivo para todos os envolvidos.

- **Oportunidades de crescimento pessoal e profissional:** A habilidade de comunicar-se efetivamente através das culturas é uma competência cada vez mais valorizada em muitos campos profissionais.

Pronto para seguir em frente? No próximo capítulo, **"AUTOCUIDADO E AUTOCONSCIÊNCIA"**, discutiremos como manter sua saúde mental e emocional para garantir uma comunicação positiva. Continue conosco nessa jornada de aperfeiçoamento contínuo das suas habilidades de comunicação intercultural. Vamos lá!

AUTOCUIDADO E AUTOCONSCIÊNCIA

Manter uma boa saúde mental e emocional é fundamental para comunicar-se de forma eficaz. Este capítulo discute a importância do autocuidado e da autoconsciência na comunicação, fornecendo estratégias para garantir que você esteja sempre no seu melhor estado, tanto para si mesmo quanto para os outros com quem interage.

A IMPORTÂNCIA DO AUTOCUIDADO NA COMUNICAÇÃO

O estado emocional e mental com que entramos em uma conversa pode afetar profundamente o seu desenrolar e o resultado. Estresse, fadiga e problemas emocionais podem prejudicar nossa habilidade de ouvir ativamente, pensar claramente e responder com empatia. Por isso, o autocuidado não é apenas benéfico para nós mesmos, mas também essencial para manter interações saudáveis e produtivas.

ESTRATÉGIAS DE AUTOCUIDADO PARA COMUNICADORES

- **Gerenciamento de estresse:** Práticas regulares de gerenciamento de estresse, como meditação, yoga, exercícios físicos ou passatempos relaxantes, podem ajudar a manter a calma e a clareza mental.

- **Sono adequado:** Uma boa noite de sono é crucial para o funcionamento cognitivo e emocional. Priorize um descanso adequado para se manter alerta e atento durante as interações.

- **Alimentação saudável:** Uma dieta balanceada contribui para um bem-estar geral, que é diretamente ligado à capacidade de gerenciar emoções e estresse.

- **Limites saudáveis:** Aprender a estabelecer e manter limites saudáveis é essencial para evitar o esgotamento. Isso inclui saber dizer "não" e reconhecer quando você precisa de uma pausa.

- **Tempo para reflexão:** Dedique tempo regularmente para refletir sobre suas interações e sentimentos. Isso pode ajudar a identificar padrões de comunicação que você deseja melhorar ou mudar.

A IMPORTÂNCIA DA AUTOCONSCIÊNCIA NA COMUNICAÇÃO

Ser autoconsciente significa ter um entendimento claro de suas próprias emoções, motivações, comportamentos e o efeito que eles têm sobre os outros. Na comunicação, a autoconsciência permite ajustar sua abordagem conforme necessário, melhorar a empatia e responder de maneira mais adequada às necessidades da situação.

DESENVOLVENDO A AUTOCONSCIÊNCIA

- **Feedback regular:** Solicite feedback de pessoas de confiança sobre como sua comunicação é percebida. Isso pode fornecer insights valiosos que você pode não ser capaz de identificar sozinho.

- **Diário de emoções e comunicação:** Manter um registro de suas emoções diárias e como elas afetam sua comunicação pode ajudar a identificar tendências e gatilhos.

- **Mindfulness e meditação:** Práticas de mindfulness e meditação podem aumentar significativamente sua percepção e controle sobre suas respostas emocionais e comportamentais.

- **Treinamento e workshops:** Participar de treinamentos e workshops sobre comunicação e desenvolvimento pessoal pode oferecer ferramentas e técnicas para aumentar a autoconsciência.

BENEFÍCIOS DE MANTER AUTOCUIDADO E AUTOCONSCIÊNCIA

- **Melhor qualidade de comunicação:** Ao cuidar de si mesmo e entender suas próprias motivações, você melhora sua capacidade de se comunicar de forma clara e eficaz.

- **Relacionamentos mais fortes:** A comunicação aprimorada leva a relações mais saudáveis e gratificantes.

- **Maior resiliência:** Fortalecer seu bem-estar emocional e mental prepara você para lidar melhor com desafios comunicativos.

Pronto para avançar ainda mais em sua jornada de desenvolvimento pessoal e habilidades de comunicação? No próximo capítulo, **"CRIANDO UM AMBIENTE DE ABERTURA"**, vamos explorar como fomentar um ambiente onde todos se sintam confortáveis para expressar pensamentos e ideias. Continue conosco para aprender a criar espaços de diálogo aberto e inclusivo. Vamos lá!

CRIANDO UM AMBIENTE DE ABERTURA

Criar um ambiente onde todos se sintam à vontade para expressar suas ideias e opiniões é fundamental para uma comunicação eficaz e para o desenvolvimento de relações saudáveis e produtivas, tanto no âmbito pessoal quanto profissional. Este capítulo oferece estratégias para cultivar um espaço de diálogo aberto e inclusivo, incentivando a participação ativa e o compartilhamento respeitoso de perspectivas.

A IMPORTÂNCIA DE UM AMBIENTE ABERTO

Um ambiente de comunicação aberto promove a confiança e o respeito mútuos, elementos cruciais para o sucesso de qualquer equipe ou relação pessoal. Quando as pessoas se sentem seguras para expressar suas ideias e preocupações, há uma maior chance de inovação, resolução de problemas eficaz e satisfação interpessoal.

ESTRATÉGIAS PARA FOMENTAR A ABERTURA

- **Estabeleça normas de comunicação:** Defina e comunique claramente as expectativas e normas para a comunicação dentro de seu grupo ou equipe. Isso inclui respeito por todas as opiniões, escuta ativa e a promoção de um diálogo construtivo.

- **Promova a inclusão ativa:** Faça um esforço consciente para incluir todas as vozes nas discussões, especialmente aquelas que tendem a ser menos ouvidas. Encoraje a participação através de perguntas diretas e ofereça tempo igual de fala.

- **Crie espaço para vulnerabilidade:** Encoraje um ambiente onde compartilhar incertezas, falhas e medos seja seguro e visto como uma parte importante do crescimento pessoal e profissional.

- **Treinamentos de sensibilidade e diversidade:** Implemente treinamentos regulares sobre diversidade, inclusão e comunicação intercultural para sensibilizar os membros da equipe sobre a importância de um ambiente acolhedor.

- **Feedback contínuo e aberto:** Cultive uma cultura de feedback aberto onde sugestões e preocupações possam ser expressas livremente e sem medo de represálias.

EXEMPLOS PRÁTICOS

- **No trabalho:** Durante reuniões, reserve um momento para um "check-in" onde cada membro da equipe pode expressar como se sente ou compartilhar algo pessoal, ajudando a criar conexões humanas e abertura.

- **Em casa:** Estabeleça "reuniões familiares" regulares onde todos possam discutir seus dias, preocupações e conquistas, garantindo que cada membro da família tenha voz.

- **Na comunidade:** Organize fóruns comunitários sobre temas relevantes, onde residentes possam expressar suas opiniões e ideias para melhorar o local onde vivem.

BENEFÍCIOS DE UM AMBIENTE ABERTO

- **Melhoria na colaboração e criatividade:** Um ambiente aberto estimula a colaboração e a criatividade, pois as pessoas se sentem livres para explorar novas ideias.

- **Aumento da satisfação e do engajamento:** Quando os indivíduos sentem que suas vozes são ouvidas e valorizadas, há um aumento natural na satisfação e no engajamento.

- **Resolução de conflitos mais eficaz:** Um espaço de diálogo aberto facilita a resolução de conflitos, pois os problemas são discutidos abertamente antes de escalarem.

Pronto para continuar desenvolvendo um ambiente comunicativo eficaz? No próximo capítulo, **"RECEBA E INTEGRE O FEEDBACK"**, vamos explorar como aceitar e utilizar feedback para melhorar continuamente suas interações. Acompanhe-nos para aprender mais sobre como transformar feedback em ação construtiva. Vamos lá!

RECEBA E INTEGRE O FEEDBACK

Feedback é uma ferramenta vital para o crescimento pessoal e profissional, proporcionando insights valiosos sobre como suas ações e comunicações são percebidas pelos outros. Este capítulo explora como você pode efetivamente receber e integrar feedback, transformando-o em ação construtiva para aprimorar suas habilidades de comunicação e interação.

A IMPORTÂNCIA DE RECEBER FEEDBACK

Aceitar feedback — especialmente quando é crítico — pode ser desafiador, mas é essencial para o desenvolvimento contínuo. Ele oferece uma perspectiva externa que pode destacar pontos cegos em nosso comportamento e comunicação, permitindo ajustes que melhoram nossas relações e eficácia.

ESTRATÉGIAS PARA RECEBER FEEDBACK DE FORMA CONSTRUTIVA

- **Mantenha uma mente aberta:** Aborde o feedback com uma atitude de aprendizado, não de defesa. Encare-o como uma oportunidade para crescer, não como uma crítica pessoal.

- **Escute ativamente:** Ouça sem interromper. Mesmo se discordar de alguns pontos, permita que a pessoa que está dando o feedback expresse completamente suas observações.

- **Peça esclarecimentos:** Se algo não estiver claro, peça exemplos específicos ou mais detalhes. Isso pode ajudar a entender melhor o feedback e a identificar áreas específicas de melhoria.

- **Agradeça pelo feedback:** Independentemente de você concordar com o feedback ou não, agradeça à pessoa por compartilhá-lo. Reconhecer o esforço de alguém para ajudá-lo é fundamental para manter relações positivas.

- **Crie um plano de ação:** Após receber o feedback, reflita sobre como você pode aplicá-lo na prática. Estabeleça metas específicas e mensuráveis para implementar as mudanças sugeridas.

INTEGRANDO O FEEDBACK NO SEU DESENVOLVIMENTO

- **Defina metas de melhoria:** Baseado no feedback recebido, defina objetivos claros e alcançáveis para melhorar suas habilidades ou comportamentos específicos.

- **Busque recursos adicionais:** Se o feedback indicar áreas que requerem melhoria significativa, considere buscar cursos, livros ou mesmo um mentor para ajudá-lo a desenvolver essas competências.

- **Monitore seu progresso:** Estabeleça pontos de verificação regulares para avaliar seu progresso em relação às metas estabelecidas. Ajuste suas estratégias conforme necessário.

- **Solicite feedback contínuo:** O desenvolvimento é um processo contínuo. Continue pedindo feedback regularmente para garantir que você está no caminho certo e para ajustar seu plano de ação conforme você evolui.

BENEFÍCIOS DE INTEGRAR FEEDBACK

- **Melhoria contínua:** Integrar feedback de forma eficaz garante que você está sempre aprendendo e melhorando.

- **Relações reforçadas:** Demonstrando que você valoriza e age com base no feedback, você fortalece a confiança e o respeito nas suas relações.

- **Desempenho aprimorado:** Ao ajustar seu comportamento e técnicas de comunicação, você melhora seu desempenho geral, tanto pessoal quanto profissionalmente.

Pronto para a próxima etapa? No próximo capítulo, **"CONCLUSÃO E CAMINHO ADIANTE"**, faremos um resumo dos pontos chave abordados neste livro e discutiremos como você pode continuar a praticar e aprimorar suas habilidades de comunicação clara e respeitosa. Continue conosco para consolidar seu aprendizado e preparar-se para o sucesso futuro. Vamos lá!

CONCLUSÃO E CAMINHO ADIANTE

Parabéns por chegar até aqui! Ao longo deste livro, exploramos uma ampla gama de técnicas e estratégias para melhorar a comunicação, com foco especial em como falar o óbvio de forma clara e respeitosa, sem ser grosseiro. Neste capítulo final, vamos resumir os pontos principais e discutir como você pode continuar a aprimorar suas habilidades de comunicação no seu dia a dia.

REVISÃO DOS PONTOS CHAVE

- **Comunicação efetiva:** Aprendemos a importância de ser claro e direto, ao mesmo tempo em que somos empáticos e respeitosos com nossos interlocutores.

- **Escuta ativa e empatia:** Destacamos como a escuta ativa e a empatia são cruciais para entender verdadeiramente e responder adequadamente às necessidades dos outros.

- **Assertividade vs. agressividade:** Exploramos a diferença entre ser assertivo e ser agressivo, enfatizando a importância de expressar nossas próprias necessidades e opiniões de maneira positiva.

- **Feedback construtivo:** Vimos como oferecer e receber feedback de maneira construtiva pode ser uma ferramenta poderosa para o crescimento pessoal e profissional.

- **Adaptação cultural:** Discutimos como superar barreiras culturais para melhorar a comunicação em contextos diversificados.

CONTINUANDO O DESENVOLVIMENTO

O caminho para se tornar um comunicador eficaz é contínuo e requer prática constante. Aqui estão algumas dicas para manter seu crescimento:

- **Prática regular:** Aplique as técnicas aprendidas regularmente, tanto em contextos pessoais quanto profissionais. Quanto mais você praticar, mais natural se tornará.

- **Busca por feedback:** Continue solicitando feedback sobre suas habilidades de comunicação. Use-o para ajustar e melhorar seu comportamento.

- **Educação contínua:** Participe de workshops, cursos e leituras adicionais para aprofundar seu conhecimento e habilidades em comunicação.

- **Reflexão pessoal:** Dedique um tempo regularmente para refletir sobre suas interações. Pergunte-se o que funcionou, o que não funcionou e o que você pode fazer diferente da próxima vez.

- **Mentoria:** Considere encontrar um mentor ou coach de comunicação que possa guiá-lo através de seu desenvolvimento pessoal e profissional.

Cada passo que você dá para melhorar sua comunicação abre novas portas para o sucesso e a satisfação em todas as áreas da sua vida. Encorajo você a manter o compromisso de usar a comunicação não apenas para expressar ideias, mas para construir pontes de entendimento e respeito mútuos. Continue a jornada de aprendizado, mantendo sempre a mente aberta, o coração disposto a entender, e a vontade de melhorar.

Obrigado por dedicar seu tempo a aprender e crescer com este livro. Espero que as habilidades adquiridas aqui o acompanhem em todas as suas jornadas de comunicação, tornando cada conversa uma oportunidade para desenvolver conexões mais profundas e significativas. Boa sorte, e continue comunicando com clareza, coragem e cuidado. Vamos em frente!

Ao virarmos a última página desta jornada juntos, espero sinceramente que os aprendizados compartilhados aqui tenham tocado seu coração e despertado novas perspectivas. Se este livro lhe trouxe algum valor, peço gentilmente que dedique alguns momentos para deixar sua avaliação na Amazon. Suas palavras não apenas me ajudam a crescer e aprimorar minha arte, mas também guiam outros leitores em suas buscas por conhecimento e inspiração. Sua opinião é um presente valioso, tanto para mim quanto para a comunidade de leitores em busca de histórias que transformam. Agradeço de coração por compartilhar esta jornada comigo e espero que possamos nos encontrar novamente nas páginas de uma nova aventura.

REGINALDO OSNILDO

Olá, sou Reginaldo Osnildo, autor e inovador nas áreas de vendas, tecnologia, e estratégias de comunicação. Minha experiência abrange desde o ambiente acadêmico, como professor e pesquisador na Universidade do Sul de Santa Catarina, até a prática como estrategista no Grupo Catarinense de Rádios. Com um doutorado em narrativas de vendas e convergência digital, e um mestrado em storytelling e imaginário social, eu trago para meus leitores uma fusão única entre teoria e prática. Meu objetivo é fornecer conhecimento em uma linguagem simples, prática e didática, incentivando a aplicação direta na vida pessoal e profissional.

Atenciosamente

Reginaldo Osnildo

www.ingramcontent.com/pod-product-compliance
Lightning Source LLC
Chambersburg PA
CBHW050111230526
45470CB00004B/1784